KB080390

텍스트 코딩
워크북

정재웅 · 김성안 · 박수빈 · 배효정 · 서정민
서진원 · 양채윤 · 이민혁 · 장성혜 · 최문성 지음

Contents

들어가며

처음 텍스트 코딩을 가르쳤을 때 힘들어하던 학생들의 모습이 아직도 눈에 선합니다. 학생들이 힘들어하던 이유는 다양했습니다. 영어 타자를 어려워하는 학생들부터 input과 lnput처럼 작은 철자 차이를 찾지 못해 헤매던 학생, print(1+2)와 print("1"+"2")의 결괏값이 왜 똑같이 3이 아닌지 이해하지 못하던 학생까지.

문제는 이런 어려움을 겪는 학생들이 소수가 아니기 때문에 가르치는 입장에서는 번번이 예상하지 못한 난관에 봉착한다는 점입니다. 사실 이 문제는 텍스트 언어를 배울 때 남녀노소 누구나 거치는 관문이기도 합니다. 즉, 배우는 사람의 잘못도, 가르치는 사람의 잘못도 아닙니다. 다만 텍스트 언어를 더 효율적으로 가르치고 쉽게 배울 수 있도록 연구와 고민이 필요했을 뿐입니다.

> "
> 이 교재는 텍스트 코딩의 난관을 쉽게 풀어가고자 노력한
> 정보 교사 10명의 고민을 담은 책입니다.
> "

200개의 문제를 풀어보면서 사소하게 놓쳤던 개념을 확실히 이해할 수 있고, 코드의 구조를 파악하는 눈을 키울 수 있습니다. 간단한 내용이기에 오히려 쉽게 놓칠만한 개념을 착실히 다지면서 코딩 실력이 단단해지는 것을 느낄 수 있을 것입니다.

텍스트 코딩에서 문법은 결국 구조, 즉 틀을 이해하는 것과 같습니다. 세세한 문법은 언어마다 조금씩 차이가 있지만, 입출력부터 조건 구조까지 큰 틀은 대부분 비슷합니다. 따라서, 문법을 깊게 파고들기보다 전반적인 구조를 먼저 이해한다면 텍스트 코딩에 한결 더 쉽게 접근할 수 있습니다. 이 책을 통해 문법의 기초를 다지면서 텍스트 코드의 전체적인 틀을 보는 눈을 키우길 기대합니다.

이 책의 활용 Tip

이 책은 텍스트 언어의 기초적인 문법을 배운 학습자가 풀기에 딱 좋은 워크북입니다. 이 책으로 수업을 진행하거나 혼자 학습할 때 적절한 활용 방법을 안내합니다.

- 흔히 손으로 직접 코드를 써보고 출력값을 유추하는 과정을 손코딩이라고 합니다. 텍스트 코딩 워크북의 문제는 손코딩으로 충분히 풀 수 있을만큼 쉽게 구성되어 있습니다. 손코딩 방식으로 코드를 차근차근 따라가며 문제를 풀어보세요. 빨리 푸는 것도 좋지만, 실수가 없도록 정확히 해결하는 것이 더 중요합니다.

- 문제의 코드를 Dev-C++, 온라인 IDE(ideone 등)에서 직접 타이핑하고 출력값을 확인해보세요. 그대로 따라 치는 것도 상당한 공부가 됩니다. 만약 똑같이 코드를 따라 쳤는데도 실행이 안 된다면 열심히 원인을 찾아보세요. 그 과정에서 문제를 해결하는 재미를 느끼고 실력을 키울 수 있습니다.

Dev-C++ 설치하기

- 직접 코드를 작성하며 문제를 풀어볼 수 있도록 컴퓨터에 Dev-C++이라는 C 언어 컴파일러 프로그램을 설치하고 코드를 실행하는 방법에 대해 알아보겠습니다.
- Dev-C++은 C 또는 C++ 언어로 코드를 작성하고 실행해 볼 수 있는 통합 개발 환경(IDE, 프로그램 개발을 위해 다양한 작업을 할 수 있는 소프트웨어)이자 컴파일러입니다. 컴파일러란 코드를 번역하는 프로그램입니다. 즉, 작성한 코드를 컴퓨터가 실행할 수 있도록 기계어인 0과 1로 바꿔주는(번역) 역할을 합니다.

❶ Dev-C++ 검색

인터넷 검색 창에서 'Dev C++'를 검색합니다. 되도록 구글에서 검색하는 것을 추천합니다.

❷ 프로그램 다운로드

[Download] 버튼을 눌러서 Dev-C++ 설치 프로그램 다운로드를 시작합니다.

❸ 설치 시작

잠시 후 설치 파일이 다운로드됩니다. 다운로드가 완료되면 설치 프로그램을 실행합니다.

❹ 언어 선택

언어를 [Korean]으로 선택한 후 [OK] 버튼을 클릭합니다.

❺ 사용권 계약 동의

[동의함] 버튼을 클릭하고 다음으로 넘어갑니다.

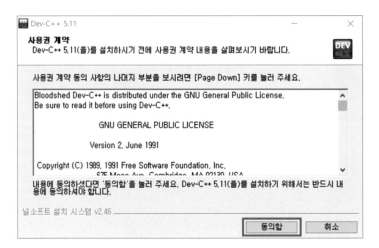

❻ 구성 요소 선택

원하는 구성 요소를 선택하고 [다음] 버튼을 클릭합니다. 특별히 변경해야 할 사항이 없으면 바로 넘어가도 괜찮습니다.

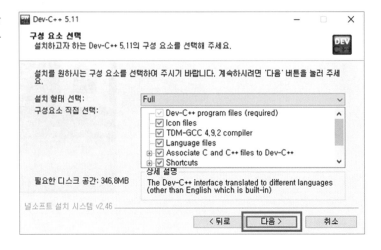

❼ 설치 위치 선택

설치 위치를 확인한 후 [설치] 버튼을 클릭합니다.

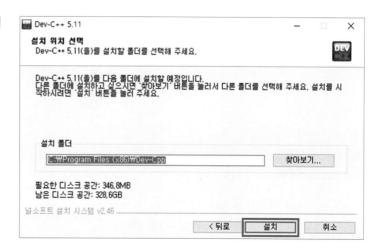

❽ 설치 완료

[마침] 버튼을 클릭하여 Dev-C++의 설치를 완료합니다.

❾ 기본 환경 설정

바로 Dev-C++이 실행되며, 초기 설정을 진행할 수 있습니다. 사용 언어, 테마 등을 확인하고 [Next] 및 [OK] 버튼을 차례로 클릭하여 진행합니다.

⑩ 새 소스 파일 만들기

새로운 코드를 작성하여 프로그래밍을 하기 위해 새로운 소스 파일을 만들어야 합니다. 상단의 메뉴 중 [파일]-[새로 만들기]-[소스 파일]을 차례대로 클릭하여 새 소스 파일을 만듭니다.

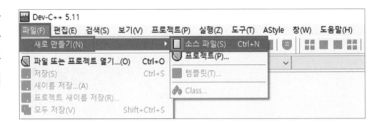

⑪ 코드 작성 및 저장

문제를 풀기 위한 코드를 작성한 후 키보드의 [F11] 키를 누릅니다. Dev-C++에서 작성한 코드는 저장 후 실행할 수 있기 때문에 적절한 저장 위치와 파일 이름을 지정한 후 [저장] 버튼을 눌러 코드 파일을 저장합니다.

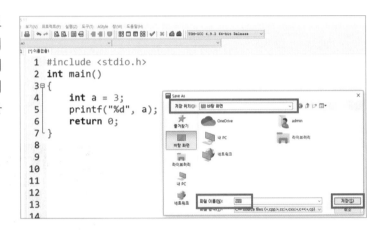

⑫ 코드 실행

코드를 실행하면 검은색 CMD 창에 코드 실행 결과가 표시됩니다. 이와 동시에 Dev-C++ 하단에 에러나 경고 수, 코드 파일 크기, 실행 시간 등 컴파일 과정에 대한 정보도 볼 수 있습니다. 실습 환경에 따라 백신이 코드 파일의 실행을 막을 때는 코드 파일을 다른 경로에 저장하여 해결할 수 있습니다.

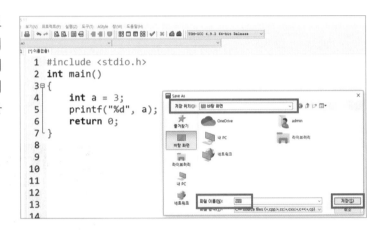

온라인에서 코딩하기

온라인 통합 개발 환경을 이용하면 컴퓨터에 컴파일러를 설치하지 않아도 온라인에서 직접 코드를 작성하고 실행할 수 있습니다. 여기에서는 ideone을 소개하겠습니다.

❶ ideone 검색 및 접속

인터넷 검색 창에서 'ideone'을 검색합니다. 크롬으로 접속하여 구글에서 검색하는 것이 좋습니다.

❷ 프로그래밍 언어 선택

코드를 작성할 언어로 [C]를 선택합니다.

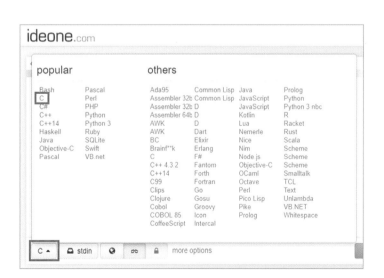

❸ 코드 작성 및 실행

따로 파일을 저장할 필요 없이 온라인에서 바로 코드를 실행하고 결과를 확인할 수 있습니다. [Run] 버튼을 클릭하면 잠시 후 코드의 실행 결과를 확인할 수 있습니다. 코드의 실행 결과가 틀리거나 오류가 발생했을 때는 [edit]을 눌러 코드를 수정할 수 있습니다.

직접 풀어보면서 기르는 코드 리뷰 능력!

C 언어

Level 1

Contents

변수 선언 규칙　자료형 변수 이름 = 저장할 값;

변수는 컴퓨터에서 값을 저장하는 하나의 공간입니다. 변수에 저장될 값은 고정되지 않고 언제든지 바뀔 수 있습니다. 그래서 변하는 수, **변수(變數/변할 변, 셀 수)**라고 합니다.

이런 변수를 새롭게 생성하는 과정을 '**변수를 선언한다**'라고 합니다. 또한, 변수를 선언하면서 값을 저장할 수 있는데, 이를 **변수 초기화**라고 합니다. 변수를 초기화하지 않으면 일반적으로 변수에 쓰레기값이 저장되기 때문에 선언 후 값을 넣어주는 것이 좋습니다. 이렇게 변수 선언 규칙과 같이 자료형과 변수 이름을 지정하고, 저장할 값을 대입연산자(=)로 초기화(저장)하여 새로운 변수를 생성할 수 있습니다. 특히, '=' 기호는 수학에서 등호(두 값이 같다)로 쓰지만, 코딩에서는 대입연산자(오른쪽 값을 왼쪽에 넣는다)로 쓴다는 점이 다릅니다.

---

int a = 3; ➡ a라는 이름을 가진 정수형 변수 공간에 3이라는 정수값을 저장(초기화)한다.

char b = 't'; ➡ b라는 이름을 가진 문자형 변수 공간에 t라는 문자값을 저장(초기화)한다(작은 따옴표 사용).

float c = 3.14f; ➡ c라는 이름을 가진 실수형 변수 공간에 3.14라는 실수값을 저장(초기화)한다.
ㄴ float형으로 특정 실수를 초기화할 때는 f를 붙여준다.

　int-정수형 / char-문자형 / float-실수형

입력 함수　scanf("%자료형", &변수 이름);

컴퓨터는 키보드나 마우스와 같은 장치로 신호를 전달받는데, 이 과정을 **입력**이라고 합니다. 입력한 내용을 받아 저장할 곳이 필요한데, 이때 쓰는 것이 바로 변수입니다.

scanf는 우리가 키보드로 입력하는 내용을 받아들여 변수에 저장하는 **입력 함수**입니다. 입력을 받을 때는 %d, %f 등과 같은 **서식 지정자**를 통해 입력받을 값의 자료형을 지정하여 해당 자료형의 값만 입력받습니다. 또한, 저장할 변수를 지정할 때는 '**&(앰퍼샌드)**'를 붙여서 **변수의 메모리 주소**를 참조한다는 점이 특징입니다.

---

scanf("%d", &a); ➡ 정수 입력을 받아서 변수 a의 주소를 찾아 값을 저장한다(정수만 입력 가능).

(%d-정수 / %f-실수, 소수점 아래 6자리까지 / %c-문자 / %s-문자열)

추가로 C 언어에서는 **// 기호를 사용하여 주석(comment)**을 쓸 수 있습니다. 주석은 주로 코드에 대한 설명을 작성할 때 쓰며, //를 쓰고 작성한 코드나 설명은 프로그램 실행에 영향을 주지 않습니다. 본 교재에서는 코드를 실행했을 때 입력할 값을 주석으로 표기하였습니다.

출력 함수　printf("출력할 문장") / printf("%자료형", 변수 이름);

컴퓨터에서 결과를 나타내는 것을 **출력**이라 하며, printf는 C 언어의 대표적인 **출력 함수**입니다. 출력 함수에서 **큰따옴표** 안에 출력할 내용을 넣으면 그대로 출력됩니다. 또, 서식 지정자로 자료형을 지정하여 변수의 값을 출력할 수 있습니다.

---

printf("hello"); ➡ hello 출력

printf("hello world"); ➡ hello world 출력(띄어쓰기까지 그대로 출력)

printf("%d", a); ➡ 정수형 변수 a의 값 출력

printf("%c %f", a, b); ➡ 문자형 변수 a의 값과 실수형 변수 b의 값을 순서대로 띄어서 출력

1

```c
#include <stdio.h>
int main()
{
    printf("start");
    return 0;
}
```

정답

3

```c
#include <stdio.h>
int main()
{
    char c = 't';
    printf("%c", c);
    return 0;
}
```

정답

2

```c
#include <stdio.h>
int main()
{
    int a = 1;
    printf("%d", a);
    return 0;
}
```

정답

4

```c
#include <stdio.h>
int main()
{
    int a;
    scanf("%d", &a); // 3 입력
    printf("%d", a);
    return 0;
}
```

정답

5

```c
#include <stdio.h>
int main()
{
    printf("1+2");
    return 0;
}
```

정답

7

```c
#include <stdio.h>
int main()
{
    printf("a-b");
    return 0;
}
```

정답

6

```c
#include <stdio.h>
int main()
{
    printf("%d", 4*7);
    return 0;
}
```

정답

8

```c
#include <stdio.h>
int main()
{
    printf("good job");
    return 0;
}
```

정답

9

```c
#include <stdio.h>
int main()
{
    int x=1;
    int y=2;
    printf("x:%d y:%d",x,y);
    return 0;
}
```

정답

11

```c
#include <stdio.h>
int main()
{
    printf("%f", 5.5f);
    return 0;
}
```

정답

10

```c
#include <stdio.h>
int main()
{
    char x;
    scanf("%c",&x); // F 입력
    printf("%c input",x);
    return 0;
}
```

정답

12

```c
#include <stdio.h>
int main()
{
    float a = 20.1234f;
    printf("%f", a);
    return 0;
}
```

정답

13

```c
#include <stdio.h>
int main()
{
    int a = 10;
    printf("a");
    return 0;
}
```

정답

15

```c
#include <stdio.h>
int main()
{
    char txt = 'p';
    printf("%c", txt);
    return 0;
}
```

정답

14

```c
#include <stdio.h>
int main()
{
    printf("%s", "string");
    return 0;
}
```

정답

16

```c
#include <stdio.h>
int main()
{
    int a = 1, b = 4;
    printf("%d %d", b, a);
    return 0;
}
```

정답

17

```c
#include <stdio.h>
int main()
{
    char t1 = 't', t2 = '5';
    printf("%c %c%c", t1, t2, t1);
    return 0;
}
```

정답

19

```c
#include <stdio.h>
int main()
{
    char c2;
    scanf("%c", &c2); // s 입력
    printf("%c %c", c2, c2);
    return 0;
}
```

정답

18

```c
#include <stdio.h>
int main()
{
    int s1;
    scanf("%d", &s1); // 8 입력
    printf("%d%d", s1, s1);
    return 0;
}
```

정답

20

```c
#include <stdio.h>
int main()
{
    int a,b;
    scanf("%d", &a); // 5 입력
    scanf("%d", &b); // 10 입력
    printf("%d %d", b, a);
    return 0;
}
```

정답

> 배열은 같은 자료형의 변수를 연속적으로 나열한 것을 말합니다.

배열 선언 규칙 ▶ 자료형 배열 이름[크기] = {원소};

배열은 변수 여러 개를 연결해놓은 자료 구조입니다. 연속적인 데이터를 저장할 때 유용합니다. 배열을 선언할 때는 **자료형**과 **배열 이름**을 지정하고, 원소를 저장할 **크기**를 **대괄호**로 붙여줍니다. 예를 들어 int a[5];는 5개의 원소를 저장할 수 있는 a라는 이름의 정수형 배열입니다.

원소를 저장할 때는 **콤마(,)**로 구분하며, 문자형 배열의 경우 따옴표로 문자 원소를 저장합니다. 원소의 번호를 **인덱스**라고 하며 **0부터 시작**합니다. **배열 이름[인덱스]**의 형식으로 배열의 원소를 활용(참조)할 수 있습니다.

---

int a[5] = {1,2,3,4,5}; ➡ 크기 5의 정수형 배열 a를 선언하고 원소 1,2,3,4,5를 저장한다.

char b[3] = { 'a','b','c'}; ➡ 크기 3의 문자형 배열 b를 선언하고 원소 a,b,c를 저장한다.

printf("%d", a[0]); ➡ a[0]은 정수형 배열 a에서 첫 번째 원소를 의미하므로, 1을 출력한다.

printf("%c", b[1]); ➡ b[1]은 문자형 배열 b에서 두 번째 원소를 의미하므로, b를 출력한다.

printf("%d", a[4]); ➡ a[4]는 정수형 배열 a에서 다섯 번째 원소를 의미하므로, 5를 출력한다.

printf("%d", a[5]); ➡ 배열 a의 크기는 5이므로 인덱스는 0,1,2,3,4뿐이다. 따라서 오류가 나온다.

---

a	인덱스	0	1	2	3	4
	원소	1	2	3	4	5
	참조	a[0]	a[1]	a[2]	a[3]	a[4]

b	인덱스	0	1	2
	원소	a	b	c
	참조	b[0]	b[1]	b[2]

간단한 문제로 정리해봅시다.

예제 ①	정답
int a[5] = {1,2,3,4,5}; printf("%d", a[2]);	

예제 ②	정답
char b[3] = {'t', 'r', 'y'}; printf("%c", b[0]);	

배열 원소 활용 ▶ 배열 이름[인덱스] = 원소;

변수의 값을 바꾸는 것처럼 배열의 값도 직접 바꿀 수 있습니다. 예를 들어 a[3]=2; 이 코드는 배열 a에서 3번 인덱스 원소에 2를 저장한다는 의미입니다. 아래 간단한 코드를 준비했습니다. 어떤 결과가 출력될까요?

예제 ③	정답

int a[3] = {5,6,7};
a[1] = 10;
printf("%d", a[1]);	

예제 ④	정답

int b[4] = {1,2,3,4};
b[0] = b[3];
printf("%d", b[0]);	

정수형 배열의 경우 원소값과 연산자를 활용하여 계산값을 출력할 수도 있습니다.

예제 ⑤	정답
int c[5] = {2,4,6,8,10}; printf("%d", c[0]+c[2]);	

예제 ⑥	정답
int d[4] = {3,6,9,12}; printf("%d+%d", d[1], d[3]);	

1

```
#include <stdio.h>
int main()
{
    int arr1[3] = {1,2,3};
    printf("%d", arr1[0]);
    return 0;
}
```

정답

3

```
#include <stdio.h>
int main()
{
    int nice[5] = {5,4,3,2,1};
    printf("%d", nice[3]);
    return 0;
}
```

정답

2

```
#include <stdio.h>
int main()
{
    int arr2[4] = {3,4,5,0};
    printf("%d", arr2[2]);
    return 0;
}
```

정답

4

```
#include <stdio.h>
int main()
{
    int b[4] = {-3,-1,1,3};
    printf("%d %d", b[3], b[1]);
    return 0;
}
```

정답

5

```c
#include <stdio.h>
int main()
{
    char good[2] = {'b','a'};
    printf("%c", good[1]);
    return 0;
}
```

정답

7

```c
#include <stdio.h>
int main()
{
    int zero1[3] = {0,};
    printf("%d", zero1[2]);
    return 0;
}
```

정답

6

```c
#include <stdio.h>
int main()
{
    char txt[3] = {'e','g','g'};
    printf("%c", txt[1]);
    return 0;
}
```

정답

8

```c
#include <stdio.h>
int main()
{
    int num[3] = {1,2,3};
    printf("%d",num[2]);
    return 0;
}
```

정답

9

```
#include <stdio.h>
int main()
{
    int p[4] = {9,8,7,6};
    printf("%d+%d", p[0], p[2]);
    return 0;
}
```

정답

11

```
#include <stdio.h>
int main()
{
    int w[3] = {-10,0,10};
    printf("%d", w[0]+w[1]-w[2]);
    return 0;
}
```

정답

10

```
#include <stdio.h>
int main()
{
    int q[3] = {4,8,12};
    printf("%d-%d", q[0], q[2]);
    return 0;
}
```

정답

12

```
#include <stdio.h>
int main()
{
    int s[5] = {2,1,0,-1,-2};
    printf("%d %d", s[3]+s[0], s[4]);
    return 0;
}
```

정답

13

```c
#include <stdio.h>
int main()
{
    int a[3] = {1,2,3};
    int b[3] = {7,8,9};
    printf("%d %d", a[2], b[2]);
    return 0;
}
```

정답

15

```c
#include <stdio.h>
int main()
{
    int a[3] = {4,5,6};
    char b[3] = {'a','b','c'};
    printf("%d %c", a[1], b[2]);
    return 0;
}
```

정답

14

```c
#include <stdio.h>
int main()
{
    char c[2] = {'a','b'};
    char d[3] = {'c','d','e'};
    printf("%c %c", c[1], d[2]);
    return 0;
}
```

정답

16

```c
#include <stdio.h>
int main()
{
    char b[2] = {'t','y'};
    int a[2] = {10,20};
    printf("%c %d", b[1], a[0]);
    return 0;
}
```

정답

17

```c
#include <stdio.h>
int main()
{
    int a[2] = {1,2};
    int b[2] = {3,4};
    printf("%d+%d", a[0], b[1]);
    return 0;
}
```

정답

19

```c
#include <stdio.h>
int main()
{
    int h[3] = {4,5,6};
    h[1] = 8;
    printf("%d", h[0]+h[1]);
    return 0;
}
```

정답

18

```c
#include <stdio.h>
int main()
{
    int c[3] = {5,10,20};
    int d[3] = {3,6,9};
    printf("%d-%d", c[1], d[2]);
    return 0;
}
```

정답

20

```c
#include <stdio.h>
int main()
{
    int r[3] = {1,2};
    r[2] = 5;
    printf("%d", r[2]+1);
    return 0;
}
```

정답

순차 순서대로 실행

특별한 경우가 아닌 이상 C 언어는 **위에서 아래로** 실행됩니다. 만약 코드가 a=3; a=4;와 같은 순서로 작성되었다면, 변수 a에 저장되는 값이 순차적으로 변하게 됩니다. 처음에는 a에 3이 저장되었다가 a=4; 코드로 인해 3은 지워지고 4가 저장되는거죠. 예제를 간단히 풀어보세요.

예제 ①	정답

int a = 10;
a = 9;
a = 8;
a = 1;
printf("%d", a);	

예제 ②	정답
char c = 'b'; c = 'a'; c = 't'; c = 'Q'; printf("%c", c);	

연산자 계산하고 그 값을 다시 변수에 저장

C 언어에는 다양한 연산자가 있는데, 수학 연산 기호와 거의 똑같습니다. 연산자를 잘 활용해야 효율적인 순차 구조를 만들 수 있습니다. 간단하게 5가지 연산자만 알아보겠습니다.

연산자	기능	예제	a=5, b=2일 때 x의 값
+	더하기	x = a+b;	7
−	빼기	x = a−b;	3
*	곱하기	x = a*b;	10
/	나누기(몫 계산)	x = a/b;	2
%	나머지 계산	x = a%b;	1

연산 결과를 바로 출력할 수도 있지만, 다시 변수에 저장할 수도 있습니다. 연산식을 오른쪽에 작성하여 변수에 저장하는 형태입니다. 평소 쓰는 수학 계산식과 다르니 차이점을 잘 기억해두세요.

a = b+c; ➡ 변수 b와 c의 덧셈 결과를 변수 a에 저장한다. 실제 변수 b와 c의 값은 변함이 없다.

a = a+1; ➡ 변수 a의 값에 1을 더한 후 다시 a에 저장한다. 즉, 실제 변수 a의 값에 1을 더한다.

a = a+a; ➡ 변수 a끼리 더한 후 다시 a에 저장한다. 즉, 실제 변수 a의 값을 2배로 올린다.

a = a/2; ➡ 변수 a의 값을 2로 나눈 몫을 다시 a에 저장한다. 마찬가지로 실제 변수 a의 값이 변한다.

예제 ③	정답

int a = 3;
int b = 6;
int c = 4;
a = b+c;
printf("%d", a);	

예제 ④	정답

int a = 10;
a = a+1;
a = a+4;
a = a+a;
printf("%d", a);	

1

```c
#include <stdio.h>
int main()
{
    int a;
    a = 1;
    a = 2;
    printf("%d", a);
    return 0;
}
```

정답

2

```c
#include <stdio.h>
int main()
{
    int a = 5;
    a = a+a;
    printf("%d", a);
    return 0;
}
```

정답

3

```c
#include <stdio.h>
int main()
{
    int a, b;
    a = 10;
    b = 15;
    printf("%d", a+b);
    return 0;
}
```

정답

4

```c
#include <stdio.h>
int main()
{
    int a = 5;
    a = a*a;
    printf("%d", a);
    return 0;
}
```

정답

5

```c
#include <stdio.h>
int main()
{
    int a, b;
    a = 1;
    a = 2;
    b = 10;
    printf("%d", a+b);
    return 0;
}
```

정답

6

```c
#include <stdio.h>
int main()
{
    int a, b, sum = 0;
    a = 3;
    b = 6;
    sum = a+b;
    printf("%d", sum);
    return 0;
}
```

정답

7

```c
#include <stdio.h>
int main()
{
    int a, b;
    a = 5;
    b = 10;
    a = a+a;
    b = a+b;
    printf("%d %d", a, b);
    return 0;
}
```

정답

8

```c
#include <stdio.h>
int main()
{
    int a = 1;
    a = a+1;
    printf("%d", a);
    return 0;
}
```

정답

9

```c
#include <stdio.h>
int main()
{
    int a = 1, b = 2, c = 3;
    a = b+c;
    b = a+c;
    c = a+b;
    printf("%d %d %d", a, b, c);
    return 0;
}
```

정답

11

```c
#include <stdio.h>
int main()
{
    int a[5] = {0,1,2,3,4};
    printf("%d ", a[0]);
    printf("%d ", a[1]);
    printf("%d ", a[2]);
    printf("%d ", a[3]);
    printf("%d", a[4]);
    return 0;
}
```

정답

10

```c
#include <stdio.h>
int main()
{
    int a = 10;
    printf("%d ", a+a);
    printf("%d", a/2);
    return 0;
}
```

정답

12

```c
#include <stdio.h>
int main()
{
    int n = 32;
    n = n/2;
    n = n/2;
    n = n/2;
    n = n/2;
    n = n/2;
    printf("%d", n);
    return 0;
}
```

정답

13

```c
#include <stdio.h>
int main()
{
    int a, b, c;
    a = 1;
    b = 3;
    c = 5;
    a = a+a;
    b = a+b;
    c = b*c;
    printf("%d %d %d", a, b, c);
    return 0;
}
```

정답

15

```c
#include <stdio.h>
int main()
{
    int i = 1;
    int a[3] = {5,25,50};
    i = i*2;
    printf("%d", a[i]*2);
    return 0;
}
```

정답

14

```c
#include <stdio.h>
int main()
{
    int i = 1;
    int a[2] = {0,0};
    a[i] = i;
    printf("%d %d", a[0], a[1]);
    return 0;
}
```

정답

16

```c
#include <stdio.h>
int main()
{
    int i = 1;
    int a[5] = {10,20,30,40,50};
    printf("%d ", a[i]);
    i = i*2;
    printf("%d", a[i]);
    return 0;
}
```

정답

17

```c
#include <stdio.h>
int main()
{
    int a = 1;
    printf("%d ", a);
    a = a+2;
    printf("%d ", a);
    a = a+2;
    printf("%d ", a);
    a = a+2;
    printf("%d ", a);
    a = a+2;
    printf("%d", a);
    return 0;
}
```

정답

18

```c
#include <stdio.h>
int main()
{
    int a = 1;
    printf("%d ", a);
    a = a*2;
    printf("%d ", a);
    a = a*2;
    printf("%d ", a);
    a = a*2;
    printf("%d", a);
    a = a*2;
    return 0;
}
```

정답

19

```c
#include <stdio.h>
int main()
{
    int a = 1;
    a = a*2;
    a = a+1;
    a = a*2;
    a = a+1;
    a = a*2;
    a = a+1;
    a = a*2;
    a = a+1;
    printf("%d", a);
    return 0;
}
```

정답

20

```c
#include <stdio.h>
int main()
{
    int a = 64;
    a = a+1;
    printf("%c ", a);
    a = a+1;
    printf("%c ", a);
    a = a+1;
    printf("%c", a);
    return 0;
}
```

정답

04 선택 구조

> C 언어의 if, if~else, if~else if~else를 통해 선택 구조에 대해 알아봅시다.

선택(조건) · if~else

선택 구조는 조건에 따라 명령문을 다르게 실행하는 구조를 말합니다. 예를 들어, '만약 a가 5보다 크다면 "O"를, 아니라면 "X"를 출력하라' 라고 코드를 작성할 수 있죠. 기본적으로 **if**와 **else**를 활용하며, **소괄호로 묶어서 조건**을 작성하고, **중괄호로 묶어서 영역**을 지정합니다. 만약, 각 영역에서 실행하는 코드가 한 줄뿐이라면 **중괄호를 생략**할 수 있습니다.

`int a=10;`	정수형 변수 a를 선언하고 10으로 초기화
`if(a>5) {`	만약 a가 5보다 크다면
`    a = a-1;`	a의 값에서 1을 뺀 값을 a에 저장하고
`    printf("Big");`	"Big"이라고 출력
`}`	
`else {`	그게 아니라면(a가 5보다 크지 않다면)
`    a = a+1;`	a의 값에서 1을 더한 값을 a에 저장하고
`    printf("Small");`	"Small"이라고 출력
`}`	

위 코드를 보면 a의 값이 10이기 때문에 ❶번 영역만 실행되고, ❷번 영역은 아예 실행되지 않습니다. 만약, a의 값이 10이 아니라 4라면 ❷번 영역만 실행됩니다.

그게 아니고 만약에 · if~else if~else

if, else 외에도 else if를 사용하여 조건을 여러 개 지정할 수도 있습니다. 예를 들어, '만약 입력값이 90 이상이면 A 출력, 80 이상이면 B 출력, 둘 다 아니라면 C를 출력하라'와 같이 활용할 수 있는거죠. 아래 코드를 해석해 보겠습니다. if, else if, else 각 영역마다 실행되는 코드가 한 줄이므로 중괄호를 생략할 수 있다는 점 기억해 두세요.

`int a = 85;`	정수형 변수 a를 선언하고 85로 초기화
`if(a >= 90)`	만약 a가 90 이상이면
`    printf("Cool");`	"Cool"이라고 출력
`else if(a == 85)`	그게 아니고 만약 a의 값이 85와 같다면
`    printf("Good");`	"Good"이라고 출력
`else`	위의 조건이 모두 맞지 않다면
`    printf("X");`	"X"라고 출력
`printf("End");`	선택 구조를 모두 빠져나온 후 "End"라고 출력

a의 값은 85이므로 ❶번 조건(90 이상)에는 맞지 않습니다. else if로 내려가보니 조건(a의 값이 85와 같은지)이 성립하므로 ❷번 영역의 코드가 실행되면서 Good이 출력됩니다. **조건에 따라 실행될 영역을 선택**했으니 그 외의 영역은 실행되지 않겠죠. 이렇게 선택 구조가 끝나면 순차 구조에 따라 다음 코드가 실행되면서 "End"가 출력됩니다.

*참고로 연산자 '=='는 '같다', '!='는 '다르다'를 의미하는 비교연산자

1

```c
#include <stdio.h>
int main()
{
    int n = 10;
    if(n > 5)
        printf("big");
    return 0;
}
```

정답

3

```c
#include <stdio.h>
int main()
{
    int n = 5;
    if(n > 0)
        printf("plus");
    else
        printf("minus");
    return 0;
}
```

정답

2

```c
#include <stdio.h>
int main()
{
    int n = 3;
    if(n > 5)
        printf("big");
    else
        printf("small");
    return 0;
}
```

정답

4

```c
#include <stdio.h>
int main()
{
    char a = 'c';
    if(a == 'c')
        printf("answer");
    return 0;
}
```

정답

5

```c
#include <stdio.h>
int main()
{
    int n = 9;
    if(n%2 == 1)
        printf("odd");
    return 0;
}
```

정답

7

```c
#include <stdio.h>
int main()
{
    int n = 3;
    if(n%2 == 1)
        printf("odd");
    else
        printf("even");
    return 0;
}
```

정답

6

```c
#include <stdio.h>
int main()
{
    int n = 10;
    if(n%2 == 0)
        printf("even");
    return 0;
}
```

정답

8

```c
#include <stdio.h>
int main()
{
    int n = 20;
    if(n%3 == 0)
        printf("3n O");
    else
        printf("3n X");
    printf("end");
    return 0;
}
```

정답

9

```c
#include <stdio.h>
int main()
{
    int n = 21;
    if(n%7 == 0) printf("7n O");
    else printf("7n X");
    return 0;
}
```

정답

11

```c
#include <stdio.h>
int main()
{
    int a=1, b=2, c, d;
    if(a > b) {
        c = a-b;
        printf("%d", c+1);
    }
    else {
        d = a+b;
        printf("%d", d-1);
    }
    return 0;
}
```

정답

10

```c
#include <stdio.h>
int main()
{
    int a, b;
    a = 2;
    b = 3;
    if(a > b) printf("%d", a);
    else printf("%d", b);
    return 0;
}
```

정답

12

```c
#include <stdio.h>
int main()
{
    int n = 15;
    n = n%10;
    if(n <= 4) printf("small");
    else printf("big");
    return 0;
}
```

정답

13

```c
#include <stdio.h>
int main()
{
    int n = 10;
    if(n != 10)
        printf("answer");
    else
        printf("wrong");
    return 0;
}
```

정답

14

```c
#include <stdio.h>
int main()
{
    int n = 10;
    if(n <= 10) {
        n = n+1;
        printf("%d", n);
    }
    else
        printf("%d", n-1);
    return 0;
}
```

정답

15

```c
#include <stdio.h>
int main()
{
    int n = 4;
    if(n >= 10) printf("A");
    else if(n >= 5) printf("B");
    else printf("C");
    return 0;
}
```

정답

16

```c
#include <stdio.h>
int main()
{
    int key = 'e';
    if(key == 'a')
        printf("A");
    else if(key == 'c')
        printf("C");
    else
        printf("E");
    return 0;
}
```

정답

17

```c
#include <stdio.h>
int main()
{
    int n = 100;
    if(n >= 1000) printf("thousand");
    else if(n >= 100) printf("hundred");
    else printf("ETC");
    return 0;
}
```

정답

19

```c
#include <stdio.h>
int main()
{
    int a[5] = {1,2,3,4,5};
    int b[3] = {10,20,30};
    if(a[0]*10 >= b[0])
        printf("OK");
    else
        printf("X");
    return 0;
}
```

정답

18

```c
#include <stdio.h>
int main()
{
    int n = 100;
    if(n == 30)
        printf("30 ok");
    else if(n == 60)
        printf("60 ok");
    else
        printf("big");
    return 0;
}
```

정답

20

```c
#include <stdio.h>
int main()
{
    int a = 3, b = 4;
    if(a > b)
        printf("a - big");
    else if(a < b)
        printf("b - big");
    else
        printf("equal");
    return 0;
}
```

정답

> for, while을 사용하여 같은 코드를 여러 번 실행하는 반복 구조에 대해 알아봅시다.

반복(loop)   for(인덱스 초기화; 반복 조건; 인덱스 증감)

반복 구조는 같은 코드를 여러 번 실행할 때 쓰는 구조입니다. 대표적으로 for 반복문은 **인덱스**를 활용하여 반복 횟수를 지정할 수 있습니다. for문은 초기화, 조건, 증감에 대한 부분을 **세미콜론(;)**으로 구분하며, if와 동일하게 중괄호({ })로 묶어서 영역을 지정합니다. if문과 마찬가지로 실행할 코드가 한 줄이라면 중괄호 생략이 가능합니다.

int i, a = 10; ----▶	정수형 변수 i와 a를 선언하고, a를 10으로 초기화
for(i=0;i<3;i++) { ----▶	인덱스 변수 i를 0으로 초기화하고, i<3이라는 조건이 참이라면
a=a+1; ----▶	a의 값을 1만큼 증가
printf("%d",a); ----▶	a의 값 출력
}	

i 값	i<3 조건 참/거짓 여부	코드 실행 과정
0	참	a 값 1만큼 증가 → 11 출력 → i 값 1만큼 증가
1	참	a 값 1만큼 증가 → 12 출력 → i 값 1만큼 증가
2	참	a 값 1만큼 증가 → 13 출력 → i 값 1만큼 증가
3	거짓	반복 종료(for문 탈출)

위의 내용을 순서대로 해석해 봅시다.

❶ 정수형 변수로 선언된 i의 값을 0으로 초기화합니다.

❷ 조건(i의 값이 3보다 작은지)을 검사하고 참인지 거짓인지 확인합니다.

❸ 조건이 맞을 경우(성립할 경우) for문 영역의 코드를 실행합니다.

❹ 영역 안의 코드를 실행한 후 인덱스 증감을 실행합니다(++는 1만큼 증가, ──는 1만큼 감소).

❺ ❷~❹를 반복하다가 ❷에서 조건이 성립하지 않을 경우 반복을 종료(탈출)합니다.

반복(loop)   while(반복 조건)

for와 다르게 while은 조건만 지정하여 반복을 수행할 수 있습니다.

int a = 1; ----▶	정수형 변수 a를 선언하고, 1로 초기화
while(a<3) { ----▶	a<3이라는 조건이 참이라면 while문 영역의 코드 실행
a=a+1; ----▶	a의 값을 1만큼 증가
printf("%d",a); ----▶	a의 값 출력
}	

a 값	a<3 조건 참/거짓 여부	코드 실행 과정
1	참	a 값 1만큼 증가 → 2 출력
2	참	a 값 1만큼 증가 → 3 출력
3	거짓	반복 종료(while문 탈출)

위의 내용을 순서대로 해석해 봅시다.

❶ 조건(a의 값이 3보다 작은지)을 검사하고 참인지 거짓인지 확인합니다.

❷ 조건이 맞을 경우(성립할 경우) while문 영역의 코드를 실행합니다.

❸ ❶~❷를 반복하다가 ❶에서 조건이 성립하지 않을 경우 반복을 종료(탈출)합니다.

1

```c
#include <stdio.h>
int main()
{
    int i;
    for(i=1;i<=3;i++)
        printf("%d ", i);
    return 0;
}
```

정답

3

```c
#include <stdio.h>
int main()
{
    int i;
    for(i=1;i<=3;i++)
        printf("hi ");
    return 0;
}
```

정답

2

```c
#include <stdio.h>
int main()
{
    int i;
    for(i=1;i<=5;i++)
        printf("*");
    return 0;
}
```

정답

4

```c
#include <stdio.h>
int main()
{
    int i;
    for(i=0;i<5;i++)
        printf("%d ", 5-i);
    return 0;
}
```

정답

5

```c
#include <stdio.h>
int main()
{
    int n;
    for(n=0;n<10;n++)
        n = n+1;
    printf("%d", n);
    return 0;
}
```

정답

7

```c
#include <stdio.h>
int main()
{
    int i, cnt=0;
    for(i=1;i<=5;i++)
        cnt++;
    printf("%d", cnt);
    return 0;
}
```

정답

6

```c
#include <stdio.h>
int main()
{
    int i, a;
    for(i=0;i<5;i++)
        a = i;
    printf("%d", a);
    return 0;
}
```

정답

8

```c
#include <stdio.h>
int main()
{
    int a, s=10;
    for(a=0;a<3;a++) {
        s = s+1;
        printf("%d ", s);
    }
    return 0;
}
```

정답

9

```c
#include <stdio.h>
int main()
{
    int i;
    for(i=0;i<10;i=i+2)
        printf("%d ", i);
    return 0;
}
```

정답

11

```c
#include <stdio.h>
int main()
{
    int a;
    for(a=3;a>0;a--)
        printf("%d ", a);
    return 0;
}
```

정답

10

```c
#include <stdio.h>
int main()
{
    int i;
    for(i=10;i<=14;i=i+2)
        printf("%d ", i);
    return 0;
}
```

정답

12

```c
#include <stdio.h>
int main()
{
    int a;
    for(a=5;a>0;a=a-2)
        printf("%d ", a);
    return 0;
}
```

정답

13

```c
#include <stdio.h>
int main()
{
    int a = 5;
    while(a > 0) {
        printf("%d ", a);
        a = a-1;
    }
    return 0;
}
```

정답

15

```c
#include <stdio.h>
int main()
{
    int a = 0, n = 10;
    while(a < n) {
        a = a+2;
        printf("%d ", a);
    }
    return 0;
}
```

정답

14

```c
#include <stdio.h>
int main()
{
    int a = 5;
    while(a > 0) {
        a = a-1;
        printf("%d ", a);
    }
    return 0;
}
```

정답

16

```c
#include <stdio.h>
int main()
{
    int a = 0, n = 10;
    while(a < n) {
        printf("%d ", a);
        a = a+2;
    }
    return 0;
}
```

정답

17

```c
#include <stdio.h>
int main()
{
    int n = 1;
    while(n < 50) {
        n = n*2;
        printf("%d ", n);
    }
    return 0;
}
```

정답

19

```c
#include <stdio.h>
int main()
{
    int a, s = 0;
    for(a=0;a<5;a++)
        s = s+a;
    printf("%d", s);
    return 0;
}
```

정답

18

```c
#include <stdio.h>
int main()
{
    int n = 1;
    while(n < 50) {
        printf("%d ", n);
        n = n*2;
    }
    return 0;
}
```

정답

20

```c
#include <stdio.h>
int main()
{
    int a = 1, s = 0;
    while(a < 7) {
        s = s+a;
        a++;
    }
    printf("%d", s);
    return 0;
}
```

정답

직접 풀어보면서 기르는 코드 리뷰 능력!

C 언어

Level 2

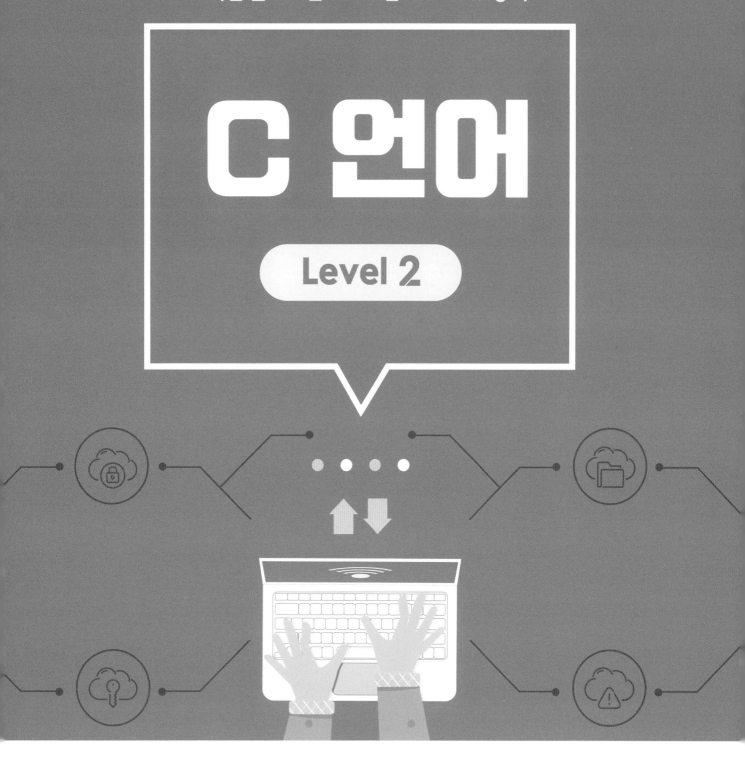

Contents

> " C 언어의 특징을 이용하여 다양한 입출력 프로그램을 만들 수 있습니다. "

이스케이프 문자   \ 또는 ₩

이스케이프 문자(또는 이스케이프 시퀀스)는 Enter 키 위에 있는 '\' 기호와 특정 문자를 조합하여 C 언어의 추가적인 기능을 수행하거나 표현할 수 없는 문자를 출력해주는 문자를 말합니다.

예를 들어, 따옴표는 출력할 내용을 묶는 기호이기 때문에 바로 출력할 수 없습니다. 따옴표 자체를 출력하려면 prinft(" " ");가 아닌 prinft(" \" ");처럼 '\'와 같이 사용하면 됩니다.

이스케이프 문자	의미	활용	출력 결과
\n	개행(new line, 줄 바꿈, 한 줄 띄우기)	printf("사과 \n바나나");	사과 바나나
\\	\를 출력	printf("\\");	\
\" 또는 \'	따옴표 출력	printf("\"");	"

아스키 코드   A는 65

아스키 코드는 7비트 부호 체계로, 0부터 127까지의 숫자(코드)가 특정 문자를 나타냅니다. 숫자(코드)는 정수이고 대응되는 값은 문자형이기 때문에 정수를 문자로 변환 출력하거나, 문자를 정수로 변환 출력할 수 있습니다. 또한, 아스키 코드에 증감을 하여 다른 문자를 출력할 수 있습니다.

코드	33	34	35	…	65	66	67	68	69	…	97	98	99	100	101
문자	!	"	#	…	A	B	C	D	E	…	a	b	c	d	e

printf("%c", 65); ➡ 서식 지정자가 문자형(%c)이므로 아스키 코드 65에 해당하는 문자 A를 출력

printf("%d", e); ➡ 서식 지정자가 정수형(%d)이므로 아스키 코드 e에 해당하는 정수 101을 출력

printf("%d", A+1); ➡ 문자 A의 값을 1만큼 올린 B의 코드 값 66을 출력

printf("%c", 99-2); ➡ 코드 값 99에 해당하는 c에서 2만큼 뺀 97에 대응하는 문자 a를 출력

서식 지정자 활용   %x %o %.nf

간단한 서식 지정자(%d, %c) 외에도 서식 지정자를 활용하여 더 다양한 결과를 출력할 수 있습니다. 실수 출력의 경우 %.nf와 같이 표현하면 소수점 n자리까지 반올림하여 출력하며, n자리에 값이 없을 경우 0을 출력합니다.

또한, 16진수는 0~15의 숫자를 사용하며 10은 A, 11은 B, 15는 F로 표현합니다.

서식 지정자	의미	활용
%o	변수값을 8진수로 출력	printf("%o", a);
%x / %X	변수값을 16진수로 출력 / 대문자 16진수로 출력	printf("%x", a);
%.nf	소수점 n자리까지 실수값 반올림 출력(n자리에 값이 없을 경우 0 출력)	prinft("%.3f", a);

1

```c
#include <stdio.h>
int main()
{
    printf("Now I am\nC Master");
    return 0;
}
```

정답

3

```c
#include <stdio.h>
int main()
{
    int a = 7, b, c;
    scanf("%d", &b); // 20 입력
    scanf("%d", &c); // 21 입력
    printf("%d %d %d", a, b, c);
    return 0;
}
```

정답

2

```c
#include <stdio.h>
int main()
{
    int a;
    a=30;
    printf("%d\n", a);
    printf("%d\n", a*2);
    return 0;
}
```

정답

4

```c
#include <stdio.h>
int main()
{
    int a = 10;
    a = a*10;
    printf("answer is\n%d", a);
    return 0;
}
```

정답

5

```c
#include <stdio.h>
int main()
{
    int a = 3;
    float b = 3.14f;
    printf("%d %f", a, b);
    return 0;
}
```

정답

7

```c
#include <stdio.h>
int main()
{
    float a = 5.1234f;
    float b = 6.678910f;
    printf("%.2f %.3f", a, b);
    return 0;
}
```

정답

6

```c
#include <stdio.h>
int main()
{
    float a = 3.14f;
    printf("%.4f", a);
    return 0;
}
```

정답

8

```c
#include <stdio.h>
int main()
{
    float c = 0.9624f;
    printf("%.1f", c);
    return 0;
}
```

정답

9

```c
#include <stdio.h>
int main()
{
    int a = 4;
    float b = 0.12f;
    char c = 'y';
    printf("%c ", c);
    printf("%d ", a);
    printf("%f", b);
    return 0;
}
```

정답

10

```c
#include <stdio.h>
int main()
{
    int a = 65, b;
    scanf("%d", &b); // 100 입력
    printf("Score is %c, %dpoint", a, b);
    return 0;
}
```

정답

11

```c
#include <stdio.h>
int main()
{
    int a = 30, b = 10, temp;
    printf("%d %d\n", a, b);
    temp = a;
    a = b;
    b = temp;
    printf("%d %d", a, b);
    return 0;
}
```

정답

12

```c
#include <stdio.h>
int main()
{
    printf("\\ \" \"");
    return 0;
}
```

정답

13

```c
#include <stdio.h>
int main()
{
    char a;
    scanf("%c", &a); // A 입력
    printf("%d", a);
    return 0;
}
```

정답

15

```c
#include <stdio.h>
int main()
{
    char a;
    scanf("%c", &a); // E 입력
    printf("%c", a+32);
    return 0;
}
```

정답

14

```c
#include <stdio.h>
int main()
{
    int n;
    scanf("%d", &n); // 66 입력
    printf("%c", n);
    return 0;
}
```

정답

16

```c
#include <stdio.h>
int main()
{
    char a;
    scanf("%c", &a); // F 입력
    printf("%d %c\n", a, a);
    a+=10;
    printf("%d %c", a, a);
    return 0;
}
```

정답

17

```c
#include <stdio.h>
int main()
{
    int a = 11;
    printf("%x", a);
    return 0;
}
```

정답

18

```c
#include <stdio.h>
int main()
{
    int a = 10;
    printf("%o", a);
    return 0;
}
```

정답

19

```c
#include <stdio.h>
int main()
{
    int a = 13;
    printf("%X", a);
    return 0;
}
```

정답

20

```c
#include <stdio.h>
int main()
{
    int a = 13;
    printf("%X", a-3);
    return 0;
}
```

정답

유연성 있는 배열 — 원소 개수에 따라 배열 크기 결정

배열은 선언 시 저장한 원소에 따라 **배열의 크기가 자동으로 설정**되기도 합니다. 만약, 크기를 지정해주지 않고 int a[ ] = {1,2,3,4,5};와 같이 배열을 선언하면 배열 a의 크기는 5가 됩니다. 단, 문자형의 경우 문자열의 끝을 의미하는 NULL 문자('\0')가 마지막에 들어가기 때문에, 크기가 1만큼 더 늘어납니다. 또한, 배열 선언 시 **일부 원소만 초기화**할 수도 있습니다. 이 경우 나머지 원소는 0으로 채워집니다.

int a[ ] = {1,2,3,4};	➡ 정수형 배열 a를 선언하고 원소를 1,2,3,4로 초기화한다. 배열의 크기는 4가 된다.
char c[ ] = "ABC";	➡ 문자형 배열 c를 선언하고 원소를 'A', 'B', 'C', '\0'로 초기화한다. 배열의 크기는 4가 된다.
int a[5] = {0,};	➡ 크기 5의 정수형 배열 a를 선언하고 모든 원소를 0으로 초기화한다.
int a[5] = {1,};	➡ 크기 5의 정수형 배열 a를 선언하고 첫 번째 원소는 1, 나머지 원소는 0으로 초기화한다.
int a[10] = {1,2,3,};	➡ 1~3번째 원소는 1,2,3, 나머지는 0으로 초기화한다.

예제 ①	정답	예제 ②	정답
int a[5] = {1,2,3,}; printf("%d", a[3]);		char c[ ] = "ABC"; printf("%c", c[1]);	

2차원 배열 — 자료형 배열 이름[세로 크기][가로 크기];

2차원 배열은 가로, 세로로 구분된 표 형태의 2차원 구조입니다. 대괄호를 두 번 사용하여 2차원 배열의 크기를 지정할 수 있습니다. 1차원 배열과 마찬가지로 인덱스는 0부터 시작하며, 2개 대괄호를 사용하여 값을 참조합니다.

int a[2][3];	0	1	2
0	a[0][0]	a[0][1]	a[0][2]
1	a[1][0]	a[1][1]	a[1][2]

또한, 2차원 배열을 선언하면서 값을 초기화하면 가로부터 먼저 원소가 채워지고 세로로 내려가는 식으로 값이 저장됩니다. 예를 들어, int a[2][3] = {1,2,3,4,5,6};과 같이 선언하면 2x3 형태의 2차원 배열이 생성되며, 각 원소는 아래와 같이 저장됩니다. 추가로, 나머지 원소를 0으로 채우는 것은 1차원 배열과 똑같습니다.

int a[2][3] = {1,2,3,4,5,6};	0	1	2
0	1	2	3
1	4	5	6

printf("%d", a[0][0]);	➡ 위 배열을 기준으로 a[0][0]은 첫 번째 원소이므로 1을 출력한다.
printf("%d", a[1][2]);	➡ 위 배열을 기준으로 a[1][2]은 마지막 원소이므로 6을 출력한다.

예제 ③	정답	예제 ④	정답
int a[2][2] = {1,2,3,4}; printf("%d", a[0][1]);		int a[3][2] = {0,}; printf("%d", a[1][2]);	

1

```c
#include <stdio.h>
int main()
{
    int a[3] = {1,2,3};
    printf("%d", a[1]);
    return 0;
}
```

정답

3

```c
#include <stdio.h>
int main()
{
    int a[3] = {0,};
    printf("%d", a[1]);
    return 0;
}
```

정답

2

```c
#include <stdio.h>
int main()
{
    int a[3] = {1,};
    printf("%d", a[1]);
    return 0;
}
```

정답

4

```c
#include <stdio.h>
int main()
{
    int a[3] = {4,5,6};
    printf("%d", a[0]+a[2]);
    return 0;
}
```

정답

5

```c
#include <stdio.h>
int main()
{
    int a[ ] = {1,2,3};
    printf("%d", a[0]+a[2]);
    return 0;
}
```

정답

7

```c
#include <stdio.h>
int main()
{
    char a[ ] = "APPLE";
    printf("%c", a[0]);
    return 0;
}
```

정답

6

```c
#include <stdio.h>
int main()
{
    char a[ ] = "apple";
    printf("%c", a[3]);
    return 0;
}
```

정답

8

```c
#include <stdio.h>
int main()
{
    char a[ ] = "APPLE";
    printf("%d", a[0]);
    return 0;
}
```

정답

9

```c
#include <stdio.h>
int main()
{
    int a[2][2] = {0,};
    printf("%d", a[0][0]);
    return 0;
}
```

정답

11

```c
#include <stdio.h>
int main()
{
    int a[2][2] = {{0,},{1,}};
    printf("%d", a[1][1]);
    return 0;
}
```

정답

10

```c
#include <stdio.h>
int main()
{
    int a[2][2] = {{1,2},{3,4}};
    printf("%d", a[0][0]);
    return 0;
}
```

정답

12

```c
#include <stdio.h>
int main()
{
    int a[2][2] = {1,2,3,4};
    printf("%d", a[1][1]);
    return 0;
}
```

정답

13

```c
#include <stdio.h>
int main()
{
    int a[3][2] = {1,2,3,4,5,6};
    printf("%d", a[1][1]);
    return 0;
}
```

정답

15

```c
#include <stdio.h>
int main()
{
    int a[3][2] = {1,2,3,4,5,6};
    printf("%d", a[0][1]+a[2][1]);
    return 0;
}
```

정답

14

```c
#include <stdio.h>
int main()
{
    int a[2][3] = {1,2,3,4,5,6};
    printf("%d", a[1][0]+a[0][1]);
    return 0;
}
```

정답

16

```c
#include <stdio.h>
int main()
{
    int a[3][2] = {0,1,5,6,2,3};
    printf("%d", a[1][1]+a[2][0]);
    return 0;
}
```

정답

17

```c
#include <stdio.h>
int main()
{
    int a[2][3] = {0,2,4,8,10,};
    printf("%d", a[1][2]+a[0][1]);
    return 0;
}
```

정답

19

```c
#include <stdio.h>
int main()
{
    int a[2][3] = {0,2,4,8,10,};
    printf("%d", a[0][2]+a[1][1]);
    return 0;
}
```

정답

18

```c
#include <stdio.h>
int main()
{
    int a[3] = {1,2,3};
    int b[3] = {0,};
    b[1] = a[2];
    printf("%d %d", a[1], b[1]);
    return 0;
}
```

정답

20

```c
#include <stdio.h>
int main()
{
    int a[3] = {1,2,3};
    int b[3] = {4,5,};
    a[1] = b[2];
    printf("%d", a[1]+b[1]);
    return 0;
}
```

정답

03 순차 구조

연산자의 특징을 활용하여 다양한 순차 구조 프로그램을 만들 수 있습니다.

연산자 우선순위 > 우선순위가 높을수록 먼저 계산됩니다.

기본적인 수학 연산 외에도 다양한 연산자를 활용할 수 있습니다. 특히, 증감연산자인 ++이나 ––는 변수값에 직접적으로 영향을 주어 값이 변합니다. 또한, 수학 계산식에서 괄호를 먼저 계산하듯이 C 언어에도 연산자 간 우선순위가 존재합니다. 대표적인 연산자 위주로 알아봅시다.

우선순위	연산자	기능	연산자	기능
높음	++x	변수 x의 값을 1 더함	––x	변수 x의 값을 1 뺌
	( )	괄호로 묶은 부분 먼저 연산	[ ]	배열 인덱스 참조
	x++	변수 활용 후 1 더함	x––	변수 활용 후 1 뺌
	* /	곱셈 나눗셈	%	나머지 계산
	+	덧셈	–	뺄셈
	<, <=, >, >=			크기 비교 연산자
낮음	==, !=			같음/다름 비교 연산자

복합대입연산자 > a=a+2; → a+=2;

복합대입연산자를 활용하여 코드를 축약하면 좀 더 간결한 코드를 작성할 수 있습니다. 예를 들어, a=a+2;를 a+=2;와 같이 축약할 수 있으며, 이는 동일하게 변수 a의 값을 2만큼 증가시키는 코드입니다.

기존 코드	복합대입연산자 활용	의미
a=a+n;	a+=n;	a에 n을 더한 값을 a에 저장
a=a–n;	a–=n;	a에서 n을 뺀 값을 a에 저장
a=a*n;	a*=n;	a와 n을 곱한 값을 a에 저장
a=a/n;	a/=n;	a를 n으로 나눈 몫을 a에 저장
a=a%n;	a%=n;	a를 n으로 나눴을 때 나머지를 a에 저장

1

```c
#include <stdio.h>
int main()
{
    int a;
    a = 1;
    a++;
    printf("%d", a);
    return 0;
}
```

정답

3

```c
#include <stdio.h>
int main()
{
    int a, b;
    a = 15;
    b = 10;
    printf("%d", ++a + --b);
    return 0;
}
```

정답

2

```c
#include <stdio.h>
int main()
{
    int a = 5, b;
    b = ++a;
    printf("%d", b);
    return 0;
}
```

정답

4

```c
#include <stdio.h>
int main()
{
    int a = 10, n;
    n = a++;
    printf("%d", n);
    return 0;
}
```

정답

5

```c
#include <stdio.h>
int main()
{
    int a = 5;
    a *= 2;
    printf("%d", a);
    return 0;
}
```

정답

7

```c
#include <stdio.h>
int main()
{
    int n = 20;
    n /= 3;
    printf("%d", n);
    return 0;
}
```

정답

6

```c
#include <stdio.h>
int main()
{
    int a = 10, b;
    b += a;
    printf("%d", b);
    return 0;
}
```

정답

8

```c
#include <stdio.h>
int main()
{
    int a = 15, b = 25;
    b -= a;
    printf("%d", b);
    return 0;
}
```

정답

9

```c
#include <stdio.h>
int main()
{
    int a = 10;
    printf("%d ", --a);
    printf("%d", a);
    return 0;
}
```

정답

11

```c
#include <stdio.h>
int main()
{
    int c = 11;
    printf("%d ", --c+2);
    printf("%d", ++c);
    return 0;
}
```

정답

10

```c
#include <stdio.h>
int main()
{
    int b = 20;
    printf("%d ", b++);
    printf("%d", b--);
    return 0;
}
```

정답

12

```c
#include <stdio.h>
int main()
{
    int d = 15;
    printf("%d ", d-5);
    printf("%d", --d);
    return 0;
}
```

정답

13

```c
#include <stdio.h>
int main()
{
    int n = 32;
    n /= 2;
    n /= 2;
    n /= 2;
    printf("%d", n);
    return 0;
}
```

정답

15

```c
#include <stdio.h>
int main()
{
    int a = 10, b = 20, n;
    n = a+b;
    n -= a;
    n += b;
    printf("%d", n);
    return 0;
}
```

정답

14

```c
#include <stdio.h>
int main()
{
    int n = 15;
    n += 10;
    n -= 5;
    n *= 2;
    printf("%d", n);
    return 0;
}
```

정답

16

```c
#include <stdio.h>
int main()
{
    int a = 5, b = 50, n;
    n = b-a;
    n -= ++a;
    n += --b;
    printf("%d", n);
    return 0;
}
```

정답

17

```c
#include <stdio.h>
int main()
{
    int a = 1, b = 5, c = 10;
    int n1, n2, n3;
    n1 = ++a;
    n2 = b++;
    n3 = a*b+c;
    printf("%d %d %d", n1, n2, n3);
    return 0;
}
```

정답

18

```c
#include <stdio.h>
int main()
{
    int n = 10, k = 5;
    k++;
    n = k++;
    n = n * k++;
    printf("%d %d", n, k);
    return 0;
}
```

정답

19

```c
#include <stdio.h>
int main()
{
    int i = 0;
    int a[3] = {4,5,6};
    a[i++] = 1;
    printf("%d %d", a[0], a[i]);
    return 0;
}
```

정답

20

```c
#include <stdio.h>
int main()
{
    int i = 0;
    int a[5] = {5,4,3,2,1};
    printf("%d ", a[i++]);
    printf("%d ", a[i*2]);
    printf("%d", a[--i]);
    return 0;
}
```

정답

04 선택 구조

> 논리연산자와 if 속의 if문으로 다양한 조건을 가지는 선택 구조를 만들 수 있습니다.

C 언어에서는 **참**(true, 1), **거짓**(false, 0)이라는 논리값과 **논리연산자**(&&, ||, !)를 활용하여 **논리 연산**을 할 수 있습니다. &&는 AND 연산자로 둘 다 참인 경우 참을 출력하며, ||는 OR 연산자로 하나만 참인 경우 참을 출력합니다. 마지막으로 !는 NOT 연산자로 참을 거짓으로, 거짓을 참으로 바꿔줍니다.

a	b	a&&b(AND)	a||b(OR)	!a(NOT)
참	참	참	참	거짓
참	거짓	거짓	참	거짓
거짓	참	거짓	참	참
거짓	거짓	거짓	거짓	참

---

printf("%d", 0&&0); ➡ 0은 거짓을 나타내므로, 0&&0의 결과는 거짓이다. 따라서, 0을 출력한다.

printf("%d", 1||0); ➡ 1은 참, 0은 거짓을 나타내므로, 1||0의 결과는 참이다. 따라서, 1을 출력한다.

printf("%d", 5||1); ➡ 정수에서 0 이외의 모든 수는 참이다. 따라서, 1을 출력한다.

printf("%d", !1); ➡ 1은 참이지만, !1은 거짓이다. 따라서, 0을 출력한다.

printf("%d", 7>5 && 7<10); ➡ 두 관계 연산 모두 참이므로, 1을 출력한다.

예제 ①	정답	예제 ②	정답
int a = 3, b = 0; printf("%d", a&&b);		int a = 3, b = 5; printf("%d", a&&b);	

if 조건문 안에 또 조건문을 넣을 수 있습니다. 세부적인 조건을 설정할 때 유용하지만, 너무 중첩이 많을 경우 프로그램이 복잡해지는 원인이 될 수 있습니다.

```
int a=10;                          정수형 변수 a를 선언하고 10으로 초기화
if(a>5) {                    ①     만약, a가 5보다 크다면(1차 조건)
    if(a>7)                            만약, a가 7보다 크다면(2차 조건)
        printf("7보다 큼");      ②         7보다 큼 출력
    else                               아니라면
        printf("5보다 큼");                5보다 큼 출력
}
```

코드에서 볼 수 있듯이 ①번 조건이 성립할 경우 아래 ②번 선택 구조로 들어갑니다. a의 값이 10이므로 ①, ②번 조건을 모두 만족하여 **7보다 큼**이 출력됩니다.

이렇게 if 조건문을 여러 번 중첩하여 세세한 선택 구조를 만들 수 있으며, 중첩되는 구조에서 else if나 else가 없고 명령문이 한 줄인 경우 중괄호를 생략할 수 있습니다.

1

```c
#include <stdio.h>
int main()
{
    int n = 10;
    if(n && n)
        printf("True");
}
```

정답

3

```c
#include <stdio.h>
int main()
{
    int n = 0;
    if(n || 2)
        printf("A");
    printf("B");
}
```

정답

2

```c
#include <stdio.h>
int main()
{
    int n = 3;
    if(n && n)
        printf("O");
    else
        printf("X");
}
```

정답

4

```c
#include <stdio.h>
int main()
{
    int n = 0;
    if(n || 0)
        printf("A");
    printf("B");
}
```

정답

5

```c
#include <stdio.h>
int main()
{
    int n = 3;
    if(n||2 == 1)
        printf("true");
    else
        printf("false");
}
```

정답

7

```c
#include <stdio.h>
int main()
{
    int n = 0;
    if(++n && 1)
        printf("true");
    else
        printf("false");
}
```

정답

6

```c
#include <stdio.h>
int main()
{
    int n = 0;
    if(!n == 0)
        printf("true");
    else
        printf("false");
}
```

정답

8

```c
#include <stdio.h>
int main()
{
    int n = 15;
    if(--n != 14)
        printf("A");
    else
        printf("B");
}
```

정답

9

```c
#include <stdio.h>
int main()
{
    int a = 1, b = 2;
    if(a && b)
        printf("True");
    else
        printf("False");
}
```

정답

11

```c
#include <stdio.h>
int main()
{
    int a = 1, b = 2;
    if(a<b && b==2)
        printf("True");
    else
        printf("False");
}
```

정답

10

```c
#include <stdio.h>
int main()
{
    int a = 0, b = 1;
    if(a && b)
        printf("True");
    else
        printf("False");
}
```

정답

12

```c
#include <stdio.h>
int main()
{
    int a = 1, b = 2;
    if(a>10 && b<10)
        printf("True");
    else
        printf("False");
}
```

정답

13

```c
#include <stdio.h>
int main()
{
    int a = 10;
    if(a > 3)
        if(a > 5)
            printf("OK");
}
```

정답

15

```c
#include <stdio.h>
int main()
{
    int a = 10, b = 5;
    if(a && b)
        if(a || b)
            printf("A");
    printf("B");
}
```

정답

14

```c
#include <stdio.h>
int main()
{
    int a = 0;
    if(a > 1)
        if(a > 2)
            printf("OK");
    printf("NO");
}
```

정답

16

```c
#include <stdio.h>
int main()
{
    int a = 5;
    if(a > 2) {
        if(a > 5)
            printf("A");
        else
            printf("B");
    }
}
```

정답

17

```c
#include <stdio.h>
int main()
{
    int n = 1;
    if(n/3 == 1) printf("A");
    else if(n/3 == 2) printf("B");
    else if(n/3 == 3) printf("C");
    else printf("D");
}
```

정답

18

```c
#include <stdio.h>
int main()
{
    int n = 4;
    if(n >= 9) printf("A");
    else if(n >= 7) printf("B");
    else if(n >= 5) printf("C");
    else if(n >= 3) printf("D");
    else printf("E");
}
```

정답

19

```c
#include <stdio.h>
int main()
{
    int n = 1;
    if(!n == 1) printf("A");
    else if(n && 0) printf("B");
    else printf("C");
}
```

정답

20

```c
#include <stdio.h>
int main()
{
    int a = 3, b = 5;
    if(a > b) {
        if(a < b+3) printf("A");
        else printf("B");
    }
    else {
        if(a+3 > b) printf("C");
        else printf("D");
    }
}
```

정답

"반복 구조 속에 if문을 넣거나 무한 루프를 이용하는 등 다양한 반복 구조를 학습합니다."

반복 속 선택 구조   for(while) 안의 if

반복 구조 속에 선택 구조를 넣어 다양한 반복 구조를 생성할 수 있습니다. 특히, break 명령어는 가장 가까이에 있는 반복 구조를 즉시 탈출할 수 있도록 합니다. 아래와 같은 형태는 while에서도 가능합니다.

```
int i, a = 10;           ------▶  정수형 변수 i와 a를 선언하고, 각각 0과 10으로 초기화
for(i=0;i<5;i++) {       ------▶  인덱스 변수 i를 활용하여 다섯 번의 반복을 수행하는 for문
    a -= 1;              ------▶     a의 값을 1만큼 감소
    if(a==7)             ------      만약, a의 값이 7이라면
        break;           ------          반복문을 종료하고 탈출
}
```

i 값	i<5 조건 참/거짓 여부	코드 실행 과정	if 조건문 참/거짓 여부
0	참	a 값 1만큼 감소 → 9	거짓
1	참	a 값 1만큼 감소 → 8	거짓
2	참	a 값 1만큼 감소 → 7	참

위의 내용을 순서대로 해석해 봅시다.

❶ for문의 조건에 따라 다섯 번 반복하는 상황입니다.

❷ 매 반복 시 a의 값을 1씩 감소시킵니다.

❸ 매 반복마다 a의 값을 검사하고 a가 7일 경우 반복문을 탈출합니다.

예제 ①	정답

``int i;
for(i=0;i<3;i++) {
    printf("A");
    if(i==1)
        printf("B");
}```	

예제 ②	정답

``int i;
for(i=1;i<10;i++) {
    if(i%3==0)
        printf("%d ", i);
}```	

무한 루프   for(;;) 또는 while(1)

경우에 따라서 반복이 끝나지 않는 구조를 만들어야 할 때가 있습니다. 이때 쓰는 것이 **무한 루프**이며 for문은 for(;;)로, while문은 while(1) 또는 while(true)와 같은 형식으로 활용합니다. **if 조건문과 break를 활용**하여 무한 루프를 벗어나는 조건을 지정할 수 있습니다.

예제 ③	정답

``int i = 0;
for(;;) {
    i++;
    if(i==10)
        printf("%d", i);
}```	

예제 ④	정답

``int i = 0;
while(1) {
    printf("%d\n", i);
    i++;
    if(i==3) break;
}```	

1

```
#include <stdio.h>
int main()
{
    int i;
    for(i=5;i<10;i++)
        printf("%d ", i);
    return 0;
}
```

정답

3

```
#include <stdio.h>
int main()
{
    int a = 5, d = 4, n = 5, i;
    for(i=1;i<n;i++)
        a = a+d;
    printf("%d", a);
    return 0;
}
```

정답

2

```
#include <stdio.h>
int main()
{
    int i;
    for(i=1;i<=3;i++)
        printf("** ");
    return 0;
}
```

정답

4

```
#include <stdio.h>
int main()
{
    int a = 20, d = 3, n = 0, i;
    for(i=5;i>=n;i--)
        a = a-d;
    printf("%d", a);
    return 0;
}
```

정답

5

```c
#include <stdio.h>
int main()
{
    int i;
    for(i=10;i<=15;i++)
        if(i > 12)
            printf("%d ", i);
    return 0;
}
```

정답

7

```c
#include <stdio.h>
int main()
{
    int n, sum = 0;
    for(n=0;n<=10;n++)
        if(n > 5)
            sum++;
    printf("%d", sum);
    return 0;
}
```

정답

6

```c
#include <stdio.h>
int main()
{
    int i;
    for(i=0;i<10;i=i+2)
        if(i >= 4) {
            printf("%d ", i);
            break;
        }
    return 0;
}
```

정답

8

```c
#include <stdio.h>
int main()
{
    int n, sum = 0;
    for(n=0;n<=5;n++)
        if(n >= 3)
            sum += 2;
    printf("%d", sum);
    return 0;
}
```

정답

9

```c
#include <stdio.h>
int main()
{
    int n, sum = 0;
    for(n=0;n<=10;n++)
        if(n < 3)
            sum = sum+n;
    printf("%d", sum);
    return 0;
}
```

정답

11

```c
#include <stdio.h>
int main()
{
    int sum = 0, n;
    for(n=0;n<=10;n++)
        if(n%2 == 0)
            sum = sum+n;
    printf("%d", sum);
    return 0;
}
```

정답

10

```c
#include <stdio.h>
int main()
{
    int n, sum = 0;
    for(n=0;n<5;n++)
        if(n > 2)
            sum += n;
    printf("%d", sum);
    return 0;
}
```

정답

12

```c
#include <stdio.h>
int main()
{
    int sum = 0, n;
    for(n=0;n<=9;n++)
        if(n%3 == 0)
            sum = sum+n;
    printf("%d", sum);
    return 0;
}
```

정답

13

```c
#include <stdio.h>
int main()
{
    int n = 5, sum = 0, i;
    for(i=12;i>n;i--)
        if(i%4 == 0) sum++;
    printf("%d", sum);
    return 0;
}
```

정답

15

```c
#include <stdio.h>
int main()
{
    int i, n, sum = 0;
    scanf("%d", &n); // 30 입력
    for(i=1;i<=n;i++)
        if(i%10 == 3)
            sum++;
    printf("%d", sum);
    return 0;
}
```

정답

14

```c
#include <stdio.h>
int main()
{
    int b = 18, n = 0, i;
    for(i=3;i<=b;i++) {
        n++;
        if(i%7 == 0)
            break;
    }
    printf("%d", n);
    return 0;
}
```

정답

16

```c
#include <stdio.h>
int main()
{
    int i, n, sum = 10;
    scanf("%d", &n); // 20 입력
    for(i=1;i<=n;i++)
        if(i%5 == 0)
            sum--;
    printf("%d", sum);
    return 0;
}
```

정답

17

```c
#include <stdio.h>
int main()
{
    int a = 7;
    for(; ;) {
        printf("%d ", a--);
        if(a < 3)
            break;
    }
    return 0;
}
```

정답

18

```c
#include <stdio.h>
int main()
{
    int i, n = 1000, num = 0;
    for(; ;) {
        if(n > 0) num++;
        else break;
        n = n/10;
    }
    printf("%d", num);
    return 0;
}
```

정답

19

```c
#include <stdio.h>
int main()
{
    int cnt = 0;
    while(1) {
        cnt += 2;
        if(cnt > 20) break;
    }
    printf("%d", cnt);
    return 0;
}
```

정답

20

```c
#include <stdio.h>
int main()
{
    int i = 10;
    while(1) {
        i -= 2;
        if(i == 5) printf("A");
        if(i < 5) break;
    }
    printf("%d", i);
    return 0;
}
```

정답

정답지

C 언어 (Level 1)

	변수와 입출력
문항 번호	정답
1	start
2	1
3	t
4	3
5	1+2
6	28
7	a–b
8	good job
9	x:1 y:2
10	F input
11	5.500000
12	20.123400
13	a
14	string
15	p
16	4 1
17	t 5t
18	88
19	s s
20	10 5

배열						
문항 번호	정답					
예제	① 3	② t	③ 10	④ 4	⑤ 8	⑥ 6+12
1	1					
2	5					
3	2					
4	3 –1					
5	a					
6	g					
7	0					
8	3					
9	9+7					
10	4–12					
11	–20					
12	1 –2					
13	3 9					
14	b e					
15	5 c					
16	y 10					
17	1+4					
18	10–9					
19	12					
20	6					

순차 구조				
문항 번호	정답			
예제	① 1	② Q	③ 10	④ 30
1	2			
2	10			
3	25			
4	25			
5	12			
6	9			
7	10 20			
8	2			
9	5 8 13			
10	20 5			
11	0 1 2 3 4			
12	1			
13	2 5 25			
14	0 1			
15	100			
16	20 30			
17	1 3 5 7 9			
18	1 2 4 8			
19	31			
20	A B C			

선택 구조	
문항 번호	정답
1	big
2	small
3	plus
4	answer
5	odd
6	even
7	odd
8	3n Xend
9	7n O
10	3
11	2
12	big
13	wrong
14	11
15	C
16	E
17	hundred
18	big
19	OK
20	b – big

정답지

반복 구조	
문항 번호	정답
1	1 2 3
2	*****
3	hi hi hi
4	5 4 3 2 1
5	10
6	4
7	5
8	11 12 13
9	0 2 4 6 8
10	10 12 14
11	3 2 1
12	5 3 1
13	5 4 3 2 1
14	4 3 2 1 0
15	2 4 6 8 10
16	0 2 4 6 8
17	2 4 8 16 32 64
18	1 2 4 8 16 32
19	10
20	21

C 언어 (Level 2)

변수와 입출력	
문항 번호	정답
1	Now I am C Master
2	30 60
3	7 20 21
4	answer is 100
5	3 3.140000
6	3.1400
7	5.12 6.679
8	1.0
9	y 4 0.120000
10	Score is A, 100point
11	30 10 10 30
12	\ " '
13	65
14	B
15	e
16	70 F 80 P
17	b
18	12
19	D
20	A

배열				
문항 번호	정답			
예제	① 0	② B	③ 2	④ 0
1	2			
2	0			
3	0			
4	10			
5	4			
6	I			
7	A			
8	65			
9	0			
10	1			
11	0			
12	4			
13	4			
14	6			
15	8			
16	8			
17	2			
18	2 3			
19	14			
20	5			

순차 구조	
문항 번호	정답
1	2
2	6
3	25
4	10
5	10
6	20
7	6
8	10
9	9 9
10	20 21
11	12 11
12	10 14
13	4
14	40
15	40
16	88
17	2 5 22
18	42 8
19	1 5
20	5 3 5

정답지

선택 구조	
문항 번호	정답
예제	① 0 ② 1
1	True
2	O
3	AB
4	B
5	true
6	false
7	true
8	B
9	True
10	False
11	True
12	False
13	OK
14	NO
15	AB
16	B
17	D
18	D
19	C
20	C

반복 구조	
문항 번호	정답

예제	① AABA
	② 3 6 9
	③ 10
	④ 0
	   1
	   2

1	5 6 7 8 9
2	** ** **
3	21
4	2
5	13 14 15
6	4
7	5
8	6
9	3
10	7
11	30
12	18
13	2
14	5
15	3
16	6
17	7 6 5 4 3
18	4
19	22
20	4

 집필진

★ **정재웅**
- 대전동화중학교 정보 교사
- 한국교원대학교 컴퓨터교육 학사
- 한국정보교사연합회(KAIT) 국장
- SW · AI 관련 자료 개발 및 연수, 강의(EBS) 진행

★ **김성안**
- 경남산업고등학교 정보 교사
- 경상대학교 컴퓨터교육 학사

★ **박수빈**
- 경기 원곡고등학교 정보 교사
- 한국교원대학교 컴퓨터교육 학사
- SW 교육 선도학교 운영

★ **배효정**
- 김해영운고등학교 정보 교사
- 한국교원대학교 컴퓨터교육 학사
- SW 교육 선도학교 및 AI 교사 연구회 운영

★ **서정민**
- 경북 사동고등학교 정보 교사
- 서원대학교 컴퓨터교육 학사
- SW 영재교육 강사 및 인공지능융합중심고 운영

★ **서진원**
- 경기 단원중학교 정보 교사
- 목원대학교 컴퓨터교육 학사
- 인공지능 윤리교육 관련 수업사례집 개발
- 경기도중등정보교육연구회 연구위원

★ **양채윤**
- 경북 사동고등학교 정보 교사
- 안동대학교 컴퓨터교육 학사
- 한국정보교사연합회(KAIT) 국장
- 경북 북부 SW-AI 캠프 운영

★ **이민혁**
- 충북과학고등학교 정보 교사
- 한국교원대학교 컴퓨터교육 학사
- SW 핵심 교원 연수 강사

★ **장성혜**
- 대덕소프트웨어마이스터고등학교 정보 교사
- 군산대학교 컴퓨터정보공학 학사
- 대전교육정보원 영재교육원 정보영재 고급반 강사

★ **최문성**
- 경기과학고등학교 정보 교사
- 공주대학교 컴퓨터교육 학사
- 경기도중등정보교육연구회 연구위원
- SW, AI 관련 연수 진행

직접 풀어보면서 기르는 코드 리뷰 능력!

텍스트 코딩
워크북

발 행 일	초판 1쇄 발행 2022년 5월 20일	주　　소	서울시 마포구 양화로 6길 9-28
	3쇄 발행 2024년 10월 10일	전　　화	02-335-3030
저　　자	정재웅 외 9인	팩　　스	02-335-2070
발 행 인	신재석	홈페이지	www.samyangm.com
발 행 처	(주)삼양미디어	정　　가	5,000원
등록번호	제10-2285호	I S B N	978-89-5897-405-5(53000)